LES MAUX ENTRE LA PLUME

Hermine BIYONG

Tous droits réservés Copyright ©

Juin 2022

La reproduction, même partielle de cet ouvrage et sa diffusion sous toute forme, mécanique ou électronique (photocopies, enregistrements, moyens informatiques ou autres) sont interdites sans l'autorisation écrite de l'auteur et de l'éditeur.

Remerciements

Je remercie toutes les personnes qui, de près ou de loin, m'ont aidée à la concrétisation de ce livre.

Merci à mon Créateur pour l'inspiration.

Introduction

Très souvent, nous avons peur de nous exprimer sur ce qui nous révolte ou nous fait mal. La meilleure thérapie c'est d'exprimer l'état de son âme par l'écriture.

Herminemenvotre!

Les douleurs de l'âme

La survie d'une âme

Je reviens de loin
Mon âme a tant crié
J'ai tant pleuré
Pleurer d'accusations
Pleurer de trahisons
Mon cœur, ma couleur, mes formes humiliées.

Je soupire car je ne me trouve pas
Pleurer de corps
Pleurer de pitié
Pleurer d'amitié
Ma couleur, mes formes humiliées

Pleurer de déceptions
Pleurer de suicide
Pleurer de vivre
Aujourd'hui je décide de sourire

L'Hypocrisie de l'amour

J'ai aimé
Mais je n'ai point vu l'amour
Mon cœur était transparent
L'hypocrisie de l'amour l'a rendu sombre

Mes yeux ont coulé des larmes de douleur
L'hypocrisie de l'amour les a percés
J'ai cru, j'ai espéré, j'ai imaginé
L'hypocrisie de l'amour m'a donné
Le boomerang d'un iceberg

Aimer ! Ce verbe changé
En consommation d'une heure, d'une nuit.
L'hypocrisie de l'amour a planté,
L'épée qui sépare l'âme et le cœur.

Besoin d'aimer, de partager, de me libérer
L'hypocrisie de l'amour a enterré
Le cœur de la douceur, de la tendresse
J'ai cru, j'ai espéré
L'hypocrisie de l'amour m'a devancée

La symphonie perdue

Il disait
Que je suis la femme qu'il attendait
Que je serais la mère de ses enfants
Il disait
« J'écrirais une histoire avec toi »
Mais voilà un jour
Il a commencé par un reproche
Le jour suivant c'était des injures
Et lorsqu'il rentrait après des jours d'absence
Il a rajouté sa symphonie de claques
La mélancolie de tes hurlements
La batterie de tes pieds
Des larmes incessantes inondent mon visage
Aujourd'hui je me réjouis car je retrouve le repos De mon corps
De mon âme, et mon esprit.
Aujourd'hui je dis « enfin ! ».

Dernier acte

Mon mari, mon conjoint
Depuis le jour où nous nous sommes rencontrés
J'ai su que tu es celui que mon cœur aime
Nous marchons le long des bords de la Seine
Tu es celui que mon cœur aime.
Pourquoi, pourquoi, me tiens-tu ainsi ?
Mon mari, mon conjoint
Je t'aime, je t'aime
Pourquoi, pourquoi m'humilies-tu de la sorte ?
Est-ce de ma faute ?
Mon mari, mon conjoint
Je t'aime, je t'aime
Pourquoi cette salive sur mon visage
Lis-tu l'amour dans mes yeux
Enflammés par les coups de tes poings ?
Je t'aime, je t'aime
Aujourd'hui, par ce grand soleil
Qui vient faire briller la splendeur de mon sourire
Je tire ma révérence
Car mon mari, mon conjoint
M'a tuée pour l'amour de lui.

Le mal au cœur

Quand le cœur va mal
Tout notre être est malade.
Quand le cœur va mal
Les pensées sont noires.
Quand le cœur va mal
L'environnement n'est que broussailles.
Quand le cœur va mal
Nos paroles sont lourdes et sombres.
Quand le cœur va mal
Nous perdons toute notion de vérité.
La vérité de notre identité
La vérité de notre valeur
La vérité de notre être intérieur.
Quand le cœur va mal
C'est comme recevoir une flèche empoisonnée.
Car le cœur c'est la vie.
Alors prends soin de ton cœur.

L'identité troublée

Je suis ce que je suis

Je ne serai pas blonde
Car je suis ébène, une couleur choco
Je ne serai pas une ligne de mannequin
Car mon sculpté en huit est un art
Comme l'instrument du violoncelle
Je ne serai jamais le standard d'une société
Je suis ce que je suis.

Une femme, une reine, une épouse, une mère
Je ne suis pas une muse ou un objet
Je ne suis pas pour les hommes
Je suis pour un roi
Je suis ce que le Créateur a voulu que je sois
Un chef d'œuvre royal et unique.

Femme noire

Mon cœur saigne de honte
Femme noire
Femme d'exception
Mon cœur saigne de honte
De ton accoutrement
De ton comportement

Femme noire
Prends conscience que tu es la grandeur du peuple
Femme du soleil
Femme des tropiques
Mon cœur saigne de honte
Ton accoutrement
Ton comportement
Femme noire

Reine d'un royaume

Marchant sur le sable du désert
Tenant ton vase de terre
Suivant le chemin de la lumière
Porteuse de joie
Porteuse d'amour
Réveille-toi sur cette terre aride

Brandis ton flambeau de vie
Afin de parsemer des parcelles de fleurs
Sur la route brisée
Qu'ont laissé les hommes infidèles
Et meurtriers de ce monde

Femme du soleil
Reviens à ta spiritualité d'autrefois
Afin de retrouver l'amour des anciens
L'amour de ton royaume

Ma lumière

Espoir

Tu es mon espoir Seigneur
Tu es l'espoir qui me fait rire
Tu es l'espoir qui me fait vivre

Mon amour, mon père
Oui tu es l'espoir qui fait vibrer ma vie
Mon espoir à toujours

Mais ton espoir me fait renaître
Cet espoir est si beau, si merveilleux
Que les larmes qui coulent le long de mon visage
Sont des larmes d'espérance et de gloire
Oui Seigneur tu es mon espoir

Déclaration à Celui qui est Fidèle

Tu es la flamme
Qui brûle dans mon âme
À l'intérieur plus de peur
Ni de frayeur

Mais toi Créateur du monde
Tu prends place à chaque heure
Tu me rends le bonheur

Sous ton abri je souris
Car tu as fait de moi ton amie
Ma vie te dit merci
En toi je suis
Tu es l'être parfait
En qui j'ai la paix

Ni ne sommeille, ni ne dort
Celui qui garde mon âme
Des laboureurs ont labouré mon dos
Toi tu me soutiens par ton manteau
Maintenant tu me secours
Et de toi Créateur, vient l'Amour

L'époux espéré

Je t'aime mon époux
Même si les gens me délaissent
Même si les personnes me méprisent
Je sais qu'il y a quelqu'un qui m'aime.

Son amour est incomparable
Inconditionnel
Il ne fait pas de favoritisme
Il fait pleuvoir sur les justes et les injustes
Je lève mes yeux vers Lui.

Je l'aime, je l'aime mon époux
Je dis mon époux car Il est celui qui, m'a créée
Je lève mes mains vers Lui.

C'est en Lui que j'ai mis mon espérance
Il est vrai que le monde ne le voit pas
Mais moi, dans mon cœur Tu es présent.

Tu illumines ma vie par ton règne et ta présence
Ô Seigneur espoir de gloire
Je m'attache à mon époux
Je suis en paix.

Je m'attache à mon époux
Je me réjouis de mon avenir
Il m'établit sur une terre fertile et abondante.

Je suis à toi mon créateur
Seigneur tu as vaincu
Les ténèbres qui m'environnaient
À présent ta vie s'est déclarée en moi.

Il a changé ma vie

Jésus l'amour de ma vie
Tu as changé mon cœur
Depuis que je t'ai rencontré.

Tu as tant fait pour moi
J'ai besoin de t'aimer
Et de tout abandonner
Pour ton amour.

Tu m'as aimée le premier
Quand j'étais abattue,
Tu as consolé mon âme
Quand personne ne m'écoutait.

J'ai besoin de t'aimer
Et de tout abandonner
Pour ton amour.

La rosée

Tu es la rosée du ciel
Tu es le soleil de ma journée
Je me lève en ton nom ce matin Seigneur
Sous le regard de ta bienveillance

Tu éclaires ma demeure par ta présence
Merci de ta fidélité qui réjouit mon âme
Tu renouvelles mes forces
J'ouvre grand mes bras aux bénédictions
Que tu as prévues pour moi

C'est une journée pas comme les autres
Je pétille de joie
Je veux chanter, je veux danser
Mon âme t'exalte
Je suis plus proche de toi
Éloigne mes oreilles de toutes les calomnies
Éloigne ma bouche de toutes malveillances
Que seules les pensées qui bénissent
Demeurent en mon esprit.

Table des matières

Remerciements	6
Introduction	8
Les douleurs de l'âme	10
La survie d'une âme	12
L'Hypocrisie de l'amour	14
La symphonie perdue	16
Dernier acte	18
Le mal au cœur	20
Je suis ce que je suis	24
Femme noire	26
Reine d'un royaume	28
Espoir	32
Déclaration à Celui qui est Fidèle	34
L'époux espéré	36
Il a changé ma vie	38
La rosée	40
Table des matières	43

Made in the USA
Columbia, SC
05 July 2022